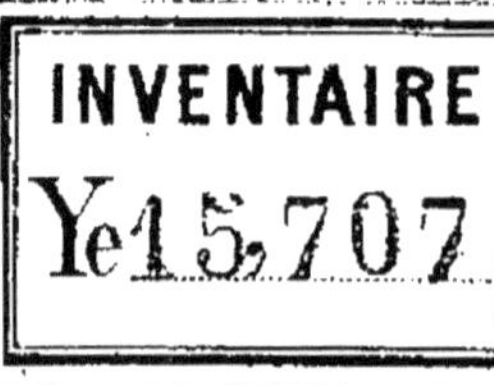

ART POÉTIQUE

DE

BOILEAU-DESPRÉAUX

ART POÉTIQUE

DE

BOILEAU-DESPRÉAUX

NOUVELLE ÉDITION

CONTENANT DE NOMBREUSES NOTES LITTÉRAIRES, HISTORIQUES ET GRAMMATICALES

ET PRÉCÉDÉE

d'une notice sur la vie et les écrits de l'auteur

PAR M. L'ABBÉ DRIOUX

Docteur en théologie, chanoine honoraire de Langres,
Ancien professeur d'histoire et de rhétorique,
Membre de la Société littéraire de l'Université catholique de Louvain

PARIS

LIBRAIRIE CLASSIQUE D'EUGÈNE BELIN

RUE DE VAUGIRARD, N° 52.

Toutes mes éditions sont revêtues de ma griffe.

Eug. Belin

Saint-Cloud. — Imprimerie de madame Ve Belin.

AVERTISSEMENT

Boileau vivait encore que déjà il voyait ses œuvres enrichies de notes et de commentaires. On lui faisait le même honneur qu'aux anciens. Les travaux de Brossette, Du Monteil, Souchay, Saint-Marc, Le Brun, Daunou, Amar, Saint-Surin, Viollet-le-Duc, Berriat-Saint-Prix, ont absolument épuisé la matière. Les premiers commentaires ayant été publiés du vivant de l'auteur, et Brossette l'ayant consulté sur tous les points douteux, on connaît véritablement l'intention particulière de Boileau, on sait positivement le but de toutes ses allusions, et rien n'est laissé à l'arbitraire. La moindre des expressions qui lui a été inspirée par les circonstances peut être expliquée, puisqu'on a recueilli avec le plus grand soin tout le détail de ces circonstances mêmes.

Dans cette édition, destinée aux jeunes gens qui n'ont pas achevé leurs études, nous aurions eu tort de multiplier les annotations. Quand un volume est trop chargé sous ce rapport, l'élève se fatigue à suivre toutes ces remarques, et il finit par n'en lire aucune. Nous avons eu soin d'être court et précis dans toutes nos observations, et nous ne nous sommes arrêté qu'aux endroits qui offrent des difficultés historiques ou grammaticales. Toutes les fois que le poëte imite un passage d'Horace, de Perse, de Juvénal, ou d'un autre auteur ancien, nous avons eu soin de rapporter les vers qu'il imite pour donner au maître et à l'élève l'occasion de faire un parallèle. Cet exercice n'est pas moins intéressant qu'instructif. Nous avons compris que nous devions également faire connaître les auteurs, aujourd'hui bien inconnus, que Boileau a sévèrement critiqués. A mesure que leurs noms se présentent, nous indiquons dans une note rapide le caractère de leurs ouvrages. Quand il se rencontre quelques expressions dont le sens ou l'orthographe a varié, nous en prévenons pour que l'élève sache ce qu'il doit penser de ces exceptions aux règles actuellement établies.

Toutes ces notes sont placées au bas des pages pour que d'un coup d'œil l'élève voie l'explication du mot embarrassant qu'il trouve dans le texte. Au commencement de chaque pièce nous avons placé deux dates : l'une indique l'année de la publication de la pièce, l'autre l'âge de l'auteur. A la fin nous avons placé un jugement sommaire qui n'est que l'analyse de la pensée des meilleurs critiques, afin que l'élève s'habitue à n'apprécier jamais chaque chose qu'à sa juste valeur.

On pourra remarquer aussi qu'en donnant les *Œuvres poétiques* de Boileau, si nous avons tenu beaucoup à être complet, ce désir ne nous a pas empêché de faire toutes les suppressions exigées pour une édition classique, de telle sorte que ce volume ne renferme rien qui puisse blesser la délicatesse la plus scrupuleuse.

NOTICE

SUR LA VIE ET LES ÉCRITS DE BOILEAU.

Le 1er novembre 1636 Nicolas Boileau naquit à Crosne près de Paris, dans la maison de campagne de son père. Un petit pré qui se trouvait à l'extrémité du jardin le fit surnommer *Despréaux* pour le distinguer de ses deux autres frères. Il commença ses études au collége d'Harcourt et les acheva au collége de Beauvais. Sa jeunesse fut malheureuse; il n'avait qu'un an quand il perdit sa mère. Son père confia le soin de son enfance à une domestique impérieuse qui le fit beaucoup souffrir. A onze ans il subit l'opération douloureuse de la pierre, de telle sorte que ses premières années furent traversées par une suite d'incidents fâcheux qui durent lui rendre la vie bien amère. Ces circonstances influèrent sur son caractère et hâtèrent probablement en lui la maturité de la raison en le forçant de bonne heure aux habitudes austères de la réflexion. Son père ne se doutait guère de son avenir ni de ses dispositions, quand il disait: « *Pour Colin, c'est un bon garçon qui ne dira jamais de mal de personne.* »

Sevin, son professeur de troisième, l'avait mieux jugé. Ayant remarqué en lui d'heureuses dispositions pour la poésie, il l'en prévint et l'engagea à les cultiver. Sa famille eût voulu le voir s'appliquer à l'étude du droit pour entrer ensuite dans le barreau. Mais le jeune poëte n'écouta que son inspiration et alla

> ... loin du Palais errer sur le Parnasse.

Après avoir lu concurremment Homère, Horace, Perse et Juvénal et s'être formé le goût à cette école, il se hasarda à lire ses premiers essais à l'hôtel de Rambouillet; où le bel esprit du temps tenait ses grandes assises. Ses vers déplurent à Chapelain qui tenait alors le sceptre de la littérature; mais cet échec eut l'avantage de révéler au génie de Boileau toute sa mission. Il comprit qu'avant tout il fallait réformer le goût de son siècle, attaquer une foule de réputations usurpées, détruire tous ces préjugés qui égaraient la critique et l'empêchaient de discerner le vrai du faux, le bien du mal.

Il se mit donc à écrire des satires dans un genre tout nouveau. Évitant cette affreuse licence où s'étaient jetés Regnier et tous ses devanciers, il ne songea qu'à faire la guerre au mauvais goût. Ses satires ont été accusées d'être trop frivoles dans leur objet. Mais évidemment ceux qui leur ont fait ce reproche ne se sont pas rendu compte de leur influence. Car, quelle que soit la frivolité des sujets qui y sont traités, il est certain qu'elles ont eu le glorieux privilége de fixer le goût. Pour s'en convaincre, il faut songer, dit la Harpe, que les pièces de Montfleuri balançaient celles de Molière et que les tragédies de Thomas Corneille avaient des succès aussi grands et plus grands que celles de Racine. Il faut se rappeler ce qu'était Chapelain, regardé comme l'oracle de la littérature, nommé par le roi pour être le distributeur de ses grâces. Cotin régnait à l'hôtel de Rambouillet et avait du crédit à la cour, où il s'en servait contre Molière[1]. Si aujourd'hui nous savons reconnaître clairement la valeur respective de chacun de ces écrivains, c'est précisément à Boileau que nous devons cette lumière. Il a paru au moment où tous ces procès se débattaient dans l'opinion, et il s'est prononcé avec une telle sûreté de tact que la postérité a ratifié tous ses jugements.

C'était déjà beaucoup pour Boileau d'avoir réussi à se faire ainsi reconnaître comme l'arbitre infaillible de toutes les réputations, mais au moment où il acquérait cette gloire, il y joignait encore l'honneur de donner le premier à la France l'exemple d'une versification correcte, élégante et riche. Avant lui plusieurs poëtes avaient enrichi notre littérature de plusieurs compositions excellentes. Corneille avait écrit quelques-unes de ses meilleures pièces, mais son génie élevé avait toujours conservé un caractère d'âpreté et de rudesse qui annonçait que notre langue poétique n'était pas absolument formée. « Boileau, dit encore La Harpe, nous apprit donc le premier à chercher toujours le mot propre, à lui donner sa place dans le vers, à faire valoir les mots par leur arrangement, à élever et à ennoblir les plus petits détails, à se défendre de toute construction irrégulière, de toute

(1) La Harpe, t. VII.

locution basse, de toute construction vicieuse, à éviter les tournures louches, prosaïques ou recherchées, les expressions parasites et les chevilles, à cadencer la période poétique, à la suspendre, à la varier, à tirer parti des césures, à imiter les sons et à n'user des figures qu'avec choix et sobriété [1]. »

Ainsi par ses *Satires* Boileau nous donna l'exemple des beaux vers et nous apprit en même temps à juger sainement du mérite des prosateurs et des poëtes. Nous passerons plus rapidement sur ses *Épîtres* et sur son *Art poétique*, parce qu'on n'a point été partagé sur la valeur littéraire de ces compositions. Dans ses *Épîtres* on s'est accordé à reconnaître qu'il avait déployé toute la vigueur et tout l'éclat de son génie. On n'a jamais excepté que celle qu'il a faite sur l'*Amour de Dieu*, et cette exception n'est aujourd'hui contestée par personne. Son *Art poétique*, qui l'emporte sur celui d'Horace par l'heureuse disposition des parties, et peut-être aussi par la pureté de la versification, serait à l'abri de tout reproche, s'il eût moins parlé du sonnet et qu'il n'eût pas oublié l'apologue. Il ignorait moins que personne le génie de la Fontaine, comme il l'a bien prouvé par sa dissertation sur *Joconde*, mais peut-être n'osa-t-il pas se prononcer sur le fabuliste. La Fontaine s'était tellement compromis par ses *Contes*, que l'esprit austère de Boileau ne voulut pas le placer dans son poëme.

Le *Lutrin* compléta la gloire du législateur du Parnasse en montrant qu'il ne savait pas seulement emprunter aux anciens leurs beautés, mais qu'il était encore doué d'un esprit fécond et capable d'enrichir le sujet le plus stérile. Il fit d'une bagatelle un poëme si plaisant et si ingénieux que la palme lui est restée en ce genre, non-seulement parmi les écrivains français, mais encore parmi tous les auteurs anciens et modernes.

Il est inutile que nous parlions ici de ses *Odes*, qui sont absolument sans mérite, ni de ses *Poésies diverses*, qui ne sont curieuses que par les circonstances qui les ont inspirées. Ce qui peut surprendre, c'est que le poëte satirique ait aussi faiblement réussi dans l'épigramme. Généralement celles qu'il a faites sont longues, embarrassées, et le trait s'émousse dans le trajet avant d'arriver à la fin.

Tel fut le poëte dans Boileau : ce qui lui fait le plus grand

(1) La Harpe, t. VIII.

honneur, c'est que chez lui l'homme ne valait pas moins que le poëte. « Le célèbre M. Patru se trouvait, dit de Bèze, à la honte de son siècle, réduit à vendre ses livres, la plus agréable et presque la seule chose qui lui restait. M. Despréaux apprit qu'il était sur le point de les donner pour une somme assez modique, il alla aussitôt lui offrir près d'un tiers davantage ; mais, l'argent compté, il mit dans son marché une condition qui étonna M. Patru ; ce fut qu'il garderait les livres comme auparavant et que sa bibliothèque ne serait qu'en survivance à M. Despréaux. »

« Après la mort de Colbert, dit d'Alembert, la pension qu'il avait donnée à Corneille fut supprimée, quoique ce grand homme fût pauvre, âgé, malade et mourant. Despréaux courut chez le roi pour l'engager à rétablir cette pension. Il offrit le sacrifice de celle dont il jouissait lui-même, disant qu'il ne pouvait sans honte recevoir une pension de Sa Majesté, tandis qu'un homme tel que Corneille en était privé. Le roi envoya deux cents louis à Corneille, et ce fut un parent de Despréaux qui les porta. »

Lié d'une amitié étroite avec tous les grands hommes de son siècle, il eut la générosité de les défendre contre toutes les coteries qui cherchaient à leur nuire. Il prit dans ses vers le parti de Molière inquiété pour son *Tartufe*, le chef-d'œuvre de la scène française, et un jour que le roi lui demandait quel était le plus grand homme de son règne, il n'hésita pas à répondre : « *Molière.* » Racine était son ami de cœur, et l'illustre auteur d'*Athalie* dut à cette amitié généreuse l'inimitable perfection de son style. Boileau était pour lui *ce sage ami toujours rigoureux, inflexible*, dont il a fait dans son *Art poétique* un si brillant tableau (ch. V, v. 99 et suiv). Il ne lui pardonnait aucun de ses défauts et lui faisait ainsi contracter l'habitude d'une pureté parfaite. Il le soutint contre ses ennemis et le rassura contre l'injustice du public qui n'avait pas d'abord apprécié les beautés de son *Athalie.* Racine était si reconnaissant du zèle de Boileau pour ses intérêts et sa gloire, que sur son lit de mort il lui adressa ces touchantes paroles : « Toute ma consolation est de mourir avant vous. »

Boileau revient si souvent sur l'éloge de Louis XIV qu'on l'a accusé de flatterie ; mais on ne peut contester que toutes ces louanges n'aient été sincères. Le poëte n'a jamais dit que ce qu'il pensait, et à ce titre il ne doit pas être rangé parmi les courtisans. Souvent il n'a pas craint de faire entendre publiquement à Louis XIV des vérités qui pouvaient ne pas lui plaire, comme on le voit par son *Épître sur la paix*. Dans la conversation, il laissait aussi son libre cours à sa franchise en présence du monarque, seulement il donnait à sa pensée une forme délicate et ingénieuse. Le roi lui montrant un jour quelques vers qu'il avait faits : *Sire*, dit le poëte, *rien n'est impossible à Votre Majesté ; elle a voulu faire de mauvais vers et elle y a réussi.*

Il conservait également toute son indépendance de caractère vis-à-vis de ses amis et de ses protecteurs les plus puissants. Un jour M. le président Lamoignon vint lui demander son suffrage pour le marquis de Saint-Aulaire qu'il aurait désiré voir académicien. Boileau lui déclara sans détour qu'il ne manquerait pas à la séance, et qu'il donnerait une boule noire au candidat : « Je ne lui conteste pas, disait-il, ses titres de noblesse, mais ses titres au Parnasse. »

Après de longues souffrances, Boileau mourut d'une hydropisie de poitrine le 15 mars 1711. Dans ses derniers instants il disait : *C'est une grande consolation pour un poëte qui va mourir de n'avoir jamais offensé les mœurs*. Sa dernière action fut une action de bienfaisance. Après avoir fait les legs qu'il croyait nécessaires, il donna ce qui lui restait aux pauvres. Ces traits achèvent heureusement la peinture de son caractère.

L'ART POÉTIQUE

CHANT PREMIER.

Dans ce premier chant, l'auteur donne des règles générales pour la poésie; mais ces règles n'appartiennent point si spécialement à cet art, qu'elles ne puissent aussi être appliquées utilement aux autres genres littéraires. Une courte digression renferme l'histoire de la poésie française, depuis Villon jusqu'à Malherbe.

C'est en vain qu'au Parnasse un téméraire auteur
Pense de l'art des vers atteindre la hauteur :
S'il ne sent point du ciel l'influence secrète,
Si son astre en naissant ne l'a formé poëte,
Dans son génie étroit il est toujours captif;
Pour lui Phébus est sourd, et Pégase est rétif[1].
O vous donc qui, brûlant d'une ardeur périlleuse,
Courez du bel esprit la carrière épineuse,
N'allez pas sur des vers sans fruit vous consumer,
Ni prendre pour génie un amour de rimer :
Craignez d'un vain plaisir les trompeuses amorces
Et consultez longtemps votre esprit et vos forces[2].
La nature, fertile en esprits excellents,

(1) Tu nihil invita dices faciesve Minerva (Hor., Ars poet., v. 385.)
(2) Sumite materiam vestris, qui scribitis, æquam
Viribus, et versate diu quid ferre recusent,
Quid valeant humeri... (Hor., Ars poet., v. 38-40.)

Sait entre les auteurs partager les talents :
L'un peut tracer en vers une amoureuse flamme;
L'autre, d'un trait plaisant aiguiser l'épigramme :
Malherbe d'un héros peut vanter les exploits [1];
Racan, chanter Philis, les bergers et les bois [2].
Mais souvent un esprit qui se flatte et qui s'aime
Méconnaît son génie, et s'ignore soi-même;
Ainsi tel [3], autrefois qu'on vit avec Faret [4]
Charbonner de ses vers les murs d'un cabaret [5],
S'en va mal à propos, d'une voix insolente,
Chanter du peuple hébreu la fuite triomphante,
Et, poursuivant Moïse au travers des déserts,
Court avec Pharaon se noyer dans les mers.
  Quelque sujet qu'on traite, ou plaisant, ou sublime,
Que toujours le bon sens s'accorde avec la rime :
L'un l'autre vainement ils semblent se haïr;
La rime est une esclave, et ne doit qu'obéir.
Lorsqu'à la bien chercher d'abord on s'évertue,
L'esprit à la trouver aisément s'habitue;
Au joug de la raison sans peine elle fléchit,
Et, loin de la gêner, la sert et l'enrichit.
Mais, lorsqu'on la néglige, elle devient rebelle,
Et, pour la rattraper, le sens court après elle.
Aimez donc la raison ; que toujours vos écrits
Empruntent d'elle seule et leur lustre et leur prix [6].
  La plupart, emportés d'une fougue insensée,
Toujours loin du droit sens vont chercher leur pensée,
Ils croiraient s'abaisser, dans leurs vers monstrueux,
S'ils pensaient ce qu'un autre a pu penser comme eux :

(1) Malherbe peut faire des odes.

(2) Poésie pastorale.

(3) Saint-Amand, auteur du *Moïse sauvé*.

(4) Faret, auteur du livre intitulé : *l'Honnête Homme*, et ami de Saint-Amand.

(5) Nigri fornicis ebrium poetam,
Qui carbone rudi, putrique creta
Scribit carmina. (MART., l. XII, Ep. LXII.)

(6) On ne peut trop méditer tous ces préceptes.

Évitons ces excès : laissons à l'Italie
De tous ces faux brillants [1] l'éclatante folie.
Tout doit tendre au bon sens : mais, pour y parvenir,
Le chemin est glissant et pénible à tenir;
Pour peu qu'on s'en écarte, aussitôt on se noie.
La raison pour marcher n'a souvent qu'une voie.
Un auteur, quelquefois trop plein de son objet,
Jamais sans l'épuiser n'abandonne un sujet.
S'il rencontre un palais, il m'en dépeint la face;
Il me promène après de terrasse en terrasse;
Ici s'offre un perron; là règne un corridor:
Là ce balcon s'enferme en un balustre d'or.
Il compte des plafonds les ronds et les ovales:
« Ce ne sont que festons, ce ne sont qu'astragales [2]. »
Je saute vingt feuillets pour en trouver la fin;
Et je me sauve à peine au travers du jardin [3].
Fuyez de ces auteurs l'abondance stérile,
Et ne vous chargez point d'un détail inutile.
Tout ce qu'on dit de trop est fade et rebutant,
L'esprit rassasié le rejette à l'instant [4].
Qui ne sait se borner ne sut jamais écrire.
Souvent la peur d'un mal nous conduit dans un pire [5].
Un vers était trop faible, et vous le rendez dur;
J'évite d'être long, et je deviens obscur :
L'un n'est point trop fardé; mais sa muse est trop nue :

(1) Les auteurs italiens méritaient ce reproche au XVIIe siècle. Le faux brillant était le caractère de la plupart de leurs écrits.

(2) Scudéri avait dit :

Ce ne sont que festons, ce ne sont que couronnes.

Boileau a changé ce dernier mot pour mieux faire ressortir l'abondance stérile de cette description.

(3) La description de Scudéri a seize pages; elle commence par la façade du palais et finit par le jardin.

(4) Quidquid præcipies, esto brevis, ut cito dicta
Percipiant animi dociles teneantque fideles.
Omne supervacuum pleno de pectore manat.
(*Ars poet.*, v. 335-337.)

(5) In vitium ducit culpæ fuga, si caret arte. (*Ibid.*, v. 31.)

L'autre a peur de ramper; il se perd dans la nue [1].
Voulez-vous du public mériter les amours?
Sans cesse en écrivant variez vos discours.
Un style trop égal et toujours uniforme
En vain brille à nos yeux, il faut qu'il nous endorme.
On lit peu ces auteurs, nés pour nous ennuyer,
Qui toujours sur un ton semblent psalmodier.
Heureux qui, dans ses vers, sait d'une voix légère
Passer du grave au doux, du plaisant au sévère!
Son livre, aimé du ciel, et chéri des lecteurs,
Est souvent chez Barbin entouré d'acheteurs [2].
Quoi que vous écriviez, évitez la bassesse :
Le style le moins noble a pourtant sa noblesse.
Au mépris du bon sens, le burlesque [3] effronté
Trompa les yeux d'abord, plut par sa nouveauté:
On ne vit plus en vers que pointes triviales;
Le Parnasse parla le langage des Halles;
La licence à rimer alors n'eut plus de frein;
Apollon travesti devint un Tabarin [4].
Cette contagion infecta les provinces,
Du clerc et du bourgeois passa jusques aux princes:
Le plus mauvais plaisant eut ses approbateurs;
Et, jusqu'à d'Assouci [5], tout trouva des lecteurs.
Mais de ce style enfin la cour désabusée
Dédaigna de ces vers l'extravagance aisée,

(1) Brevis esse laboro,
Obscurus fio : sectantem levia nervi
Deficiunt animique : professus grandia turget :
Serpit humi tutus nimium timidusque procellæ.
(*Ars poet.*, v. 25-28.)

Et plus loin :

Aut dum vitat humum, nubes et inania captat. (*Ibid.*, v. 230).

(2) Omne tulit punctum qui miscuit utile dulci,
Lectorem delectando pariterque monendo.
Hic meret æra liber Sosiis. (*Ibid.*, v. 342-344.)

(3) Le style burlesque fut extrêmement en vogue depuis le commencement du dernier siècle jusque vers 1660 qu'il tomba. (BOILEAU.)

(4) Tabarin était un bouffon très-grossier, qui accompagnait un charlatan dont le théâtre était établi sur la place Dauphine.

(5) Pitoyable auteur qui a composé l'*Ovide en belle humeur*.

Distingua le naïf du plat et du bouffon,
Et laissa la province admirer le Typhon [1].
Que ce style jamais ne souille votre ouvrage.
Imitons de Marot l'élégant badinage,
Et laissons le burlesque aux plaisants [2] du Pont-Neuf.
Mais n'allez point aussi, sur les pas de Brébeuf,
Même en une Pharsale, entasser sur les rives
« De morts et de mourants cent montagnes plaintives [3]. »
Prenez mieux votre ton. Soyez simple avec art,
Sublime sans orgueil, agréable sans fard.
N'offrez rien au lecteur que ce qui peut lui plaire.
Ayez pour la cadence une oreille sévère :
Que toujours dans vos vers le sens, coupant les mots,
Suspende l'hémistiche, en marque le repos.
Gardez qu'une voyelle à courir trop hâtée
Ne soit d'une voyelle en son chemin heurtée [4].
Il est un heureux choix de mots harmonieux.
Fuyez des mauvais sons le concours odieux :
Le vers le mieux rempli, la plus noble pensée,
Ne peut plaire à l'esprit quand l'oreille est blessée.
Durant les premiers ans du Parnasse françois,
Le caprice tout seul faisait toutes les lois :
La rime, au bout des mots assemblés sans mesure,
Tenait lieu d'ornements, de nombre et de césure [5].
Villon [6] sut le premier, dans ces siècles grossiers,
Débrouiller l'art confus de nos vieux romanciers [7].

(1) Le *Typhon* ou la Gigantomachie, poëme burlesque de Scarron.

(2) Les vendeurs de mithridate et les joueurs de marionnettes se plaçaient depuis longtemps sur le Pont-Neuf.

(3) Vers de Brébeuf, dans sa traduction de Lucain. (L. VII.)

(4) C'est ce qu'on appelle l'*hiatus*.

(5) Ces rimes étaient alors jugées suffisantes.

(6) Villon fleurit sous Charles VII, Louis XI et Charles VIII, environ un demi-siècle avant Marot. On peut s'étonner que Boileau compte pour rien nos troubadours et nos trouvères, mais au XVIIe siècle tout le monde avait pour ces poëtes du moyen âge le même dédain.

(7) La plupart de nos plus anciens romans français sont en vers confus et sans ordre, comme le roman de *la Rose*, et plusieurs autres. (BOILEAU.)

Marot[1], bientôt après, fit fleurir les ballades,
Tourna des triolets, rima des mascarades,
A des refrains réglés asservit les rondeaux,
Et montra pour rimer des chemins tout nouveaux.
Ronsard[2], qui le suivit, par une autre méthode,
Réglant tout, brouilla tout, fit un art à sa mode,
Et toutefois longtemps eut un heureux destin.
Mais sa muse, en français, parlant grec et latin,
Vit, dans l'âge suivant, par un retour grotesque,
Tomber de ses grands mots le faste pédantesque.
Ce poëte orgueilleux, trébuché de si haut,
Rendit plus retenus Desportes et Bertaut[3].
Enfin Malherbe[4] vint, et, le premier en France,
Fit sentir dans les vers une juste cadence ;
D'un mot mis en sa place enseigna le pouvoir,
Et réduisit la muse aux règles du devoir.
Par ce sage écrivain la langue réparée
N'offrit plus rien de rude à l'oreille épurée.
Les stances avec grâce apprirent à tomber,
Et le vers sur le vers n'osa plus enjamber,
Tout reconnut ses lois, et ce guide fidèle,
Aux auteurs de ce temps sert encor de modèle.
Marchez donc sur ses pas ; aimez sa pureté,
Et de son tour heureux imitez la clarté.
Si le sens de vos vers tarde à se faire entendre,
Mon esprit aussitôt commence à se détendre ;
Et, de vos vains discours prompt à se détacher,
Ne suit point un auteur qu'il faut toujours chercher.
Il est certain esprit dont les sombres pensées
Sont d'un nuage épais toujours embarrassées ;
Le jour de la raison ne le saurait percer.

(1) Marot s'est surtout distingué par ses poésies légères.

(2) Ronsard et son école employaient avec une grande affectation divers mots tirés du grec et du latin.

(3) Desportes, abbé de Tiron, et Bertaut, évêque de Séez, vivaient sous Henri III et Henri IV. Ils furent assez estimés.

(4) Ce jugement, si glorieux pour Malherbe, a été pleinement ratifié par la postérité.

Avant donc que d'écrire, apprenez à penser [1].
Selon que notre idée est plus ou moins obscure,
L'expression la suit, ou moins nette, ou plus pure.
Ce que l'on conçoit bien s'énonce clairement,
Et les mots pour le dire arrivent aisément [2].
  Surtout qu'en vos écrits la langue révérée
Dans vos plus grands excès vous soit toujours sacrée.
En vain vous me frappez d'un son mélodieux,
Si le terme est impropre, ou le tour vicieux :
Mon esprit n'admet point un pompeux barbarisme,
Ni d'un vers ampoulé l'orgueilleux solécisme [3].
Sans la langue, en un mot, l'auteur le plus divin
Est toujours, quoi qu'il fasse, un méchant écrivain.
  Travaillez à loisir, quelque ordre qui vous presse [4],
Et ne vous piquez point d'une folle vitesse :
Un style si rapide, et qui court en rimant,
Marque moins trop d'esprit, que peu de jugement.
J'aime mieux un ruisseau qui, sur la molle arène,
Dans un pré plein de fleurs lentement se promène,
Qu'un torrent débordé qui, d'un cours orageux,
Roule, plein de gravier, sur un terrain fangeux.
Hâtez-vous lentement [5], et, sans perdre courage,
Vingt fois sur le métier remettez votre ouvrage :
Polissez-le sans cesse et le repolissez [6];

(1) Scribendi recte sapere est et principium et fons.
(Ars poet., v. 309.)

(2) Cui lecta potenter erit res,
Nec facundia deseret hunc, nec lucidus ordo. (*Ibid.*, v. 40-41.)
Verbaque provisam rem non invita sequuntur. (*Ibid.*, v. 311.)

(3) Solécisme vient de *Soles*, nom d'une colonie athénienne en Cilicie, où l'on ne parlait pas avec pureté la langue attique.

(4) Scudéri disait toujours, pour s'excuser de travailler si vite, qu'il avait ordre de finir. (BOILEAU.)

(5) Proverbe ancien qu'Auguste avait souvent à la bouche : *festina lente*, σπεῦδε βραδέως.

(6) Carmen reprehendite quod non
Multa dies et multa litura coercuit, atque
Persectum decies non castigavit ad unguem.
(Ars poet., v. 292-294.)

Ajoutez quelquefois, et souvent effacez [1].
C'est peu qu'en un ouvrage où les fautes fourmillent
Des traits d'esprit semés de temps en temps pétillent [2] :
Il faut que chaque chose y soit mise en son lieu ;
Que le début, la fin, répondent au milieu [3] ;
Que d'un art délicat les pièces assorties
N'y forment qu'un seul tout de diverses parties [4] ;
Que jamais du sujet le discours s'écartant
N'aille chercher trop loin quelque mot éclatant.
Craignez-vous pour vos vers la censure publique ?
Soyez-vous à vous-même un sévère critique :
L'ignorance toujours est prête à s'admirer.
Faites-vous des amis prompts à vous censurer ;
Qu'ils soient de vos écrits les confidents sincères,
Et de tous vos défauts les zélés adversaires :
Dépouillez devant eux l'arrogance d'auteur.
Mais sachez de l'ami discerner le flatteur [5] :
Tel vous semble applaudir, qui vous raille et vous joue.
Aimez qu'on vous conseille, et non pas qu'on vous loue.
Un flatteur aussitôt aime à se récrier ;
Chaque vers qu'il entend le fait extasier :
Tout est charmant, divin ; aucun mot ne le blesse ;
Il trépigne de joie, il pleure de tendresse [6] :
Il vous comble partout d'éloges fastueux.
La vérité n'a point cet air impétueux.

(1) Sæpe stylum vertas, iterum quæ digna legi sint
Scripturus. (Hor., l. I, Sat. x, v. 72.)

(2) Inter quæ verbum emicuit si forte decorum, et
Si versus paulo concinnior unus et alter,
Injuste totum ducit venditque poema. (II, Ep. i, v. 73-75.)

(3) Primo ne medium, medio ne discrepet imum.
(Ars poet., v. 152.)

(4) Denique sit quodvis simplex duntaxat et unum. (*Ibid.*, v. 23.)

(5) Mirabor, si sciet inter
Noscere mendacem verumque beatus amicum.
(Ars poet., v. 124-125.)

(6) « Clamabit enim : « Pulchre, bene, recte ; »
Pallescet super his, etiam stillabit amicis
Ex oculis rorem : saliet, tundet pede terram.
(*Ibid.*, v. 128-130.)

Un sage ami, toujours rigoureux, inflexible,
Sur vos fautes jamais ne vous laisse paisible;
Il ne pardonne point les endroits négligés,
Il renvoie en leur lieu les vers mal arrangés,
Il réprime des mots l'ambitieuse emphase:
Ici le sens le choque, et plus loin c'est la phrase.
Votre construction semble un peu s'obscurcir;
Ce terme est équivoque : il le faut éclaircir [1].
C'est ainsi que vous parle un ami véritable :
Mais souvent, sur ses vers, un auteur intraitable,
A les protéger tous se croit intéressé,
Et d'abord prend en main le droit de l'offensé.
De ce vers, direz-vous, l'expression est basse. —
Ah! monsieur, pour ce vers je vous demande grâce,
Répondra-t-il d'abord. — Ce mot me semble froid :
Je le retrancherais. — C'est le plus bel endroit ! —
Ce tour ne me plaît pas. — Tout le monde l'admire.
Ainsi toujours constant à ne se point dédire,
Qu'un mot dans son ouvrage ait paru vous blesser,
C'est un titre chez lui pour ne point l'effacer.
Cependant, à l'entendre, il chérit la critique [2] :
Vous avez sur ses vers un pouvoir despotique.
Mais tout ce beau discours dont il vient vous flatter
N'est rien qu'un piége adroit pour vous les réciter.
Aussitôt il vous quitte ; et, content de sa muse,
S'en va chercher ailleurs quelque fat qu'il abuse :
Car souvent il en trouve. Ainsi qu'en sots auteurs,
Notre siècle est fertile en sots admirateurs;
Et, sans ceux que fournit la ville et la province,
Il en est chez le duc, il en est chez le prince.

(1) Vir bonus et prudens versus reprehendet inertes,
Culpabit duros, incomptis allinet atrum
Transverso calamo signum, ambitiosa recidet
Ornamenta : parum claris lucem dare coget ;
Arguet ambigue dictum, mutanda notabit.
(Ars poet., v. 445-450.)

(2) Perse a dit :
Et verum, inquis, amo : verum mihi dicite de me.
(Sat. I, v. 55.)

L'ouvrage le plus plat a, chez les courtisans,
De tout temps rencontré de zélés partisans;
Et, pour finir enfin par un trait de satire,
Un sot trouve toujours un plus sot qui l'admire[1].

CHANT SECOND.

Dans ce second chant et dans le troisième, Boileau explique les diverses formes de la poésie française; quel est le caractère, quelles sont les règles particulières de chaque poëme. Il décrit tour à tour l'idylle ou l'églogue, l'élégie, l'ode, le sonnet, l'épigramme, le rondeau, la ballade, le madrigal, la satire et le vaudeville. Boileau a su varier son style avec tant d'art et tant d'habileté, qu'en parcourant toutes les différentes espèces de poésies, il emploie précisément le style qui convient à chaque espèce en particulier.

Telle qu'une bergère, au plus beau jour de fête,
De superbes rubis ne charge point sa tête,
Et, sans mêler à l'or l'éclat des diamants,
Cueille en un champ voisin ses plus beaux ornements;
Telle, aimable en son air, mais humble dans son style,
Doit éclater sans pompe une élégante Idylle[2].
Son tour simple et naïf n'a rien de fastueux,
Et n'aime point l'orgueil d'un vers présomptueux.
Il faut que sa douceur flatte, chatouille, éveille,
Et jamais de grands mots n'épouvante l'oreille.
Mais souvent dans ce style un rimeur aux abois
Jette là, de dépit, la flûte et le hautbois[3];

(1) Ce dernier vers est devenu proverbe.
(2) Idylle, εἰδύλλιον, petit poëme du genre pastoral, et que Boileau compare pour ce motif à une bergère.
(3) *La flûte et le hautbois*, instruments particulièrement en usage chez les bergers.

Et, follement pompeux, dans sa verve indiscrète,
Au milieu d'une églogue entonne la trompette [1].
De peur de l'écouter, Pan fuit dans les roseaux ;
Et les Nymphes, d'effroi, se cachent sous les eaux.
  Au contraire, cet autre, abject en son langage,
Fait parler ses bergers comme on parle au village.
Ses vers plats et grossiers, dépouillés d'agrément,
Toujours baisent la terre, et rampent tristement :
On dirait que Ronsard, sur ses pipeaux rustiques,
Vient encor fredonner ses idylles gothiques [2],
Et changer, sans respect de l'oreille et du son,
Lycidas en Pierrot, et Philis en Toinon [3].
  Entre ces deux excès la route est difficile :
Suivez, pour la trouver, Théocrite et Virgile [4] :
Que leurs tendres écrits, par les Grâces dictés,
Ne quittent point vos mains, jour et nuit feuilletés [5].
Seuls, dans leurs doctes vers, ils pourront vous apprendre
Par quel art sans bassesse un auteur peut descendre ;
Chanter Flore, les champs, Pomone, les vergers :
Au combat de la flûte animer deux bergers ;
Des plaisirs de l'amour vanter la douce amorce ;
Changer Narcisse en fleur, couvrir Daphné d'écorce ;
Et par quel art encor l'Eglogue quelquefois
Rend dignes d'un consul [6] la campagne et les bois.
Telle est de ce poëme et la force et la grâce.
  D'un ton un peu plus haut, mais pourtant sans audace,
La plaintive Elégie, en longs habits de deuil,

(1) *La trompette*, instrument de guerre.

(2) *Idylles gothiques*, c'est-à-dire surannées.

(3) Ronsard, dans ses Églogues, appelle ses bergères *Toinon, Jeanneton, Marion :* Henri II devient *Henriot*, Charles IX, *Carlin*, Catherine de Médicis, *Catin*, etc.

(4) *Théocrite*, le poëte grec qui s'est le plus distingué dans la poésie pastorale. — Virgile. Voyez *Discours au roi*, v. 58.

(5) . Vos exemplaria græca
Nocturna versate manu, versate diurna.
(Ars poet., v. 268-269.)

(6) Allusion à ce vers de Virgile :
Si canimus sylvas, sylvæ sint consule dignæ. (Egl. IV, v. 3.)

Sait, les cheveux épars, gémir sur un cercueil.
Il faut que le cœur seul parle dans l'Elégie.
L'Ode, avec plus d'éclat et non moins d'énergie,
Elevant jusqu'au ciel son vol ambitieux,
Entretient dans ses vers commerce avec les dieux [1].
Aux athlètes dans Pise [2] elle ouvre la barrière,
Chante un vainqueur poudreux au bout de la carrière,
Mène Achille sanglant aux bords du Simoïs [3],
Ou fait fléchir l'Escaut sous le joug de Louis [4].
Tantôt, comme une abeille ardente à son ouvrage,
Elle s'en va de fleurs dépouiller le rivage :
Son style impétueux souvent marche au hasard :
Chez elle un beau désordre est un effet de l'art.
Loin ces rimeurs craintifs dont l'esprit flegmatique
Garde, dans ses fureurs, un esprit didactique ;
Qui, chantant d'un héros les progrès éclatants,
Maigres historiens, suivront l'ordre des temps !
Ils n'osent un moment perdre un sujet de vue :
Pour prendre Dôle, il faut que Lille [5] soit rendue :
Et que leur vers, exact ainsi que Mézeray [6],
Ait fait déjà tomber les remparts de Courtray.
Apollon de son feu leur fut toujours avare.
On dit, à ce propos, qu'un jour ce dieu bizarre,
Voulant pousser à bout tous les rimeurs françois,
Inventa du Sonnet les rigoureuses lois ;
Voulut qu'en deux quatrains de mesure pareille
La rime avec deux sons frappât huit fois l'oreille [7] ;

(1) Musa dedit fidibus Divos puerosque Deorum,
Et pugilem victorem, et equum certamine primum,
Et juvenum curas et libera vina referre.
(Ars poet., v. 83-85.)

(2) Pise en Elide, où l'on célébrait les Jeux Olympiques.

(3) *Simoïs*, ancienne rivière de la Troade, rendue célèbre par Homère.

(4) Louange aussi adroite qu'ingénieuse.

(5) Lille et Courtrai furent pris en 1667, Dôle en 1668.

(6) Mézeray, le plus célèbre des historiens qui aient jusqu'alors écrit l'histoire de France. (Boileau.)

(7) Horace avait dit de l'ïambe :
Cum senos redderet ictus. (Ars poet., v. 253.)

Et qu'ensuite, six vers artistement rangés
Fussent en deux tercets par le sens partagés.
Surtout de ce poëme il bannit la licence :
Lui-même en mesura le nombre et la cadence,
Défendit qu'un vers faible y pût jamais entrer,
Ni qu'un mot déjà mis osât s'y remontrer.
Du reste il l'enrichit d'une beauté suprême :
Un Sonnet sans défaut vaut seul un long poëme [1].
Mais en vain mille auteurs y pensent arriver ;
Et cet heureux phénix est encore à trouver.
A peine dans Gombault, Mainard, et Malleville [2],
En peut-on admirer deux ou trois entre mille :
Le reste, aussi peu lu que ceux de Pelletier [3],
N'a fait de chez Sercy [4] qu'un saut chez l'épicier.
Pour enfermer son sens dans la borne prescrite
La mesure est toujours trop longue ou trop petite.
L'Epigramme, plus libre en son tour plus borné,
N'est souvent qu'un bon mot de deux rimes orné.
Jadis de nos auteurs les pointes ignorées
Furent de l'Italie en nos vers attirées [5].
Le vulgaire, ébloui de leur faux agrément,
A ce nouvel appât courut avidement.
La faveur du public excitant leur audace,
Leur nombre impétueux inonda le Parnasse ;
Le Madrigal [6] d'abord en fut enveloppé ;
Le Sonnet orgueilleux lui-même en fut frappé ;

(1) Il y a ici de l'exagération.

(2) Gombaut, né vers 1576, mourut en 1666, après avoir publié un volume de sonnets et un recueil d'épigrammes. — Maynard fut un disciple de Malherbe, qui imita Gombaut. — Malleville, son contemporain, cultiva le même genre de poésie. Ces trois poëtes furent membres de l'Académie française.

(3) Voyez *Discours au roi*, v. 54.

(4) Sercy, libraire du Palais. (Boileau.)

(5) Tel fut en effet le caractère de l'influence que la littérature italienne exerça sur la nôtre.

(6) Le Madrigal, dont le nom même est emprunté à la langue italienne (*Madrigale*), est un petit poëme sémillant et sentimental.

La Tragédie[1] en fit ses plus chères délices ;
L'Elégie en orna ses douloureux caprices ;
Chaque mot eut toujours deux visages divers :
La prose la reçut aussi bien que les vers ;
L'avocat au palais en hérissa son style,
Et le docteur[2] en chaire en sema l'Évangile.
La raison outragée enfin ouvrit les yeux,
La chassa pour jamais des discours sérieux,
Et, dans tous ses écrits la déclarant infâme,
Par grâce lui laissa l'entrée en l'Épigramme,
Pourvu que sa finesse, éclatant à propos,
Roulât sur la pensée, et non pas sur les mots.
Ainsi de toutes parts les désordres cessèrent.
Toutefois à la cour les turlupins[3] restèrent,
Insipides plaisants, bouffons infortunés,
D'un jeu de mots grossier partisans surannés.
Ce n'est pas quelquefois qu'une muse un peu fine
Sur un mot, en passant, ne joue et ne badine,
Et d'un sens détourné n'abuse avec succès ;
Mais fuyez sur ce point un ridicule excès ;
Et n'allez pas toujours d'une pointe frivole
Aiguiser par la queue une épigramme folle.
Tout poëme est brillant de sa propre beauté.
Le Rondeau[4], né gaulois, a la naïveté.
La Ballade[5], asservie à ses vieilles maximes,
Souvent doit tout son lustre au caprice des rimes.
Le Madrigal, plus simple et plus noble en son tour,
Respire la douceur, la tendresse et l'amour.
L'ardeur de se montrer, et non pas de médire,

(1) La *Sylva* de Mairet. Boileau avait spécialement en vue cette pièce aujourd'hui ignorée.

(2) Le Petit Père André, augustin, qui hérissait ses discours de grec et de latin, de pointes et de jeux de mots. On retrouve même ce mauvais goût dans Mascaron.

(3) Turlupin était un mauvais comédien de Paris, qui divertissait le peuple par des bouffonneries qu'on appelait *turlupinades*. Ce mot est passé dans la langue.

(4) Voyez le chant I, v. 121.

(5) Voyez le chant I, v. 119.

Arma la Vérité du vers de la Satire.
Lucile le premier osa la faire voir [1],
Aux vices des Romains présenta le miroir,
Vengea l'humble vertu de la richesse altière,
Et l'honnête homme à pied du faquin en litière [2].
Horace à cette aigreur mêla son enjouement :
On ne fut plus ni fat ni sot impunément ;
Et malheur à tout nom qui, propre à la censure,
Put entrer dans un vers sans rompre la mesure !
Perse, en ses vers obscurs, mais serrés et pressants,
Affecta d'enfermer moins de mots que de sens.
Juvénal, élevé dans les cris de l'école,
Poussa jusqu'à l'excès sa mordante hyperbole.
Ses ouvrages, tout pleins d'affreuses vérités,
Étincellent pourtant de sublimes beautés :
Soit que, sur un écrit arrivé de Caprée,
Il brise de Séjan la statue adorée [3] ;
Soit qu'il fasse au conseil courir les sénateurs,
D'un tyran soupçonneux pâles adulateurs [4] ;
Ou que [5], poussant à bout la luxure latine,
Aux portefaix de Rome il vende Messaline.
Ses écrits pleins de feu partout brillent aux yeux.
De ces maîtres savants disciple ingénieux,
Regnier [6], seul parmi nous formé sur leurs modèles,

(1) Les Latins se vantaient d'avoir les premiers inventé la Satire : *Græcis intacti carminis auctor,* a dit Horace. *Satira tota nostra est,* dit aussi Quintilien. Parmi les Romains, Horace cite Lucilius comme le premier satirique :

Est Lucilius ausus
Primus in hunc operis componere carmina morem.
(L. II, Sat. IV, v. 62-63.)

(2) Juvénal a très-bien caractérisé le talent de Lucilius :

Ense velut stricto, quoties Lucilius ardens
Infremuit, rubet auditor cui frigida mens est
Criminibus. tacita sudant præcordia culpa.
Sat. I, v. 165-167.)

(3) Juvénal, satire X, v. 60 et seq.
(4) *Ibid.*, satire IV. v. 37 ad fin.
(5) *Ibid.*. satire VI, v. 115-132.
(6) Voy. satire IX, v. 246.

Dans son vieux style encore a des grâces nouvelles.
Heureux, si ses discours, craints du chaste lecteur,
Ne se sentaient des lieux où fréquentait [1] l'auteur;
Et si, du son hardi de ses rimes cyniques,
Il n'alarmait souvent les oreilles pudiques !
  Le latin, dans les mots, brave l'honnêteté [2] :
Mais le lecteur français veut être respecté ;
Du moindre sens impur la liberté l'outrage,
Si la pudeur des mots n'en adoucit l'image.
Je veux dans la satire un esprit de candeur,
Et fuis un effronté qui prêche la pudeur.
  D'un trait de ce poëme en bons mots si fertile,
Le Français, né malin, forma le Vaudeville [3] ;
Agréable indiscret, qui, conduit par le chant,
Passe de bouche en bouche, et s'accroît en marchant.
La liberté française en ses vers se déploie ;
Cet enfant du plaisir veut naître dans la joie.
Toutefois n'allez pas, goguenard dangereux,
Faire Dieu le sujet d'un badinage affreux :
A la fin tous ces jeux, que l'athéisme élève,
Conduisent tristement le plaisant à la Grève [4].
Il faut, même en chansons, du bon sens et de l'art ;
Mais pourtant on a vu le vin et le hasard
Inspirer quelquefois une muse grossière,
Et fournir, sans génie, un couplet à Linière [5].
Mais pour un vain bonheur, qui vous a fait rimer,
Gardez qu'un sot orgueil ne vous vienne enfumer.
Souvent l'auteur altier de quelque chansonnette
Au même instant prend droit de se croire poëte :
Il ne dormira plus qu'il n'ait fait un sonnet.

(1) *Où fréquentait,* expression incorrecte ; il faudrait *que* au lieu de *où*.

(2) Cette pensée, pour avoir été souvent répétée, n'en est pas plus juste. Ce qui est immoral révolte en latin aussi bien qu'en français.

(3) *Vaudeville*, ancienne chanson satirique.

(4) Allusion à un jeune homme appelé *Petit,* qui fut pendu et brûlé pour avoir écrit et vendu des chansons libertines et impies. (BROSSETTE.)

(5) Voy. Ep. VII, v. 89.

Il met tous les matins six impromptus au net.
Encore est-ce un miracle, en ses vagues furies,
Si bientôt, imprimant ses sottes rêveries,
Il ne se fait graver au devant du recueil,
Couronné de lauriers par la main de Nanteuil[1].

(1) Fameux graveur. (BOILEAU.)

CHANT TROISIÈME.

Les règles de la tragédie, de la comédie et du poëme épique font la matière du troisième chant. Ce chant est reputé le plus beau du poëme soit par la grandeur du sujet, soit par la manière dont l'auteur l'a traité.

Il n'est point de serpent, ni de monstre odieux
Qui, par l'art imité, ne puisse plaire aux yeux [1]:
D'un pinceau délicat l'artifice agréable
Du plus affreux objet fait un objet aimable.
Ainsi, pour nous charmer, la Tragédie en pleurs
D'Œdipe tout sanglant [2] fit parler les douleurs,
D'Oreste parricide exprima les alarmes [3],
Et, pour nous divertir, nous arracha des larmes.
Vous donc qui, d'un beau feu pour le théâtre épris,
Venez en vers pompeux y disputer le prix,
Voulez-vous sur la scène étaler des ouvrages
Où tout Paris en foule apporte ses suffrages,
Et qui, toujours plus beaux, plus ils sont regardés [4],
Soient au bout de vingt ans encor redemandés [5]?
Que dans tous vos discours la passion émue
Aille chercher le cœur, l'échauffe et le remue.
Si d'un beau mouvement l'agréable fureur
Souvent ne nous remplit d'une douce terreur,
Ou n'excite en notre âme une pitié charmante,

(1) Cette idée est empruntée à Aristote. Voy. sa *Poétique*, ch. IV.
(2) *Œdipe roi*, tragédie de Sophocle.
(3) *Oreste*, tragédie d'Euripide.
(4) *Regardés*, expression impropre, construction vicieuse.
(5) Fabula quæ posci vult, et spectata reponi.
(Ars poet., v. 190.)

En vain vous étalez une scène savante :
Vos froids raisonnements ne feront qu'attiédir
Un spectateur toujours paresseux d'applaudir.
Et qui, des vains efforts de votre rhétorique
Justement fatigué, s'endort, ou vous critique [1].
Le secret est d'abord de plaire et de toucher :
Inventez des ressorts [2] qui puissent m'attacher.
Que dès les premiers vers l'action préparée
Sans peine du sujet aplanisse l'entrée.
Je me ris d'un acteur qui, lent à s'exprimer,
De ce qu'il veut, d'abord, ne sait pas m'informer ;
Et qui, débrouillant mal une pénible intrigue,
D'un divertissement me fait une fatigue.
J'aimerais mieux encor qu'il déclinât son nom [3],
Et dît « Je suis Oreste, » ou bien « Agamemnon, »
Que d'aller, par un tas de confuses merveilles,
Sans rien dire à l'esprit, étourdir les oreilles [4] :
Le sujet n'est jamais assez tôt expliqué.
Que le lieu de la scène y soit fixe et marqué.
Un rimeur, sans péril, delà les Pyrénées [5],
Sur la scène en un jour renferme des années :
Là souvent le héros d'un spectacle grossier,
Enfant au premier acte, est barbon [6] au dernier.
Mais nous, que la raison à ses règles engage,
Nous voulons qu'avec art l'action se ménage ;
Qu'en un lieu, qu'en un jour, un seul fait accompli [7]
Tienne jusqu'à la fin le théâtre rempli.
Jamais au spectateur n'offrez rien d'incroyable :
Le vrai peut quelquefois n'être pas vraisemblable.
Une merveille absurde est pour moi sans appas :

(1) Aut dormitabo aut ridebo.
(2) *Des ressorts*, c'est-à-dire *des incidents*.
(3) Il y a de pareils exemples dans Euripide.
(4) Boileau avait en vue le début de la tragédie de *Cinna*, dans Corneille.
(5) Lope de Véga, poëte espagnol, qui fit plus de 500 pièces dramatiques, mais qui n'observait pas la règle des trois unités.
(6) *Barbon*, terme de mépris, pour signifier *vieillard*.
(7) La règle des trois unités est renfermée dans ce vers remarquable.

L'esprit n'est point ému de ce qu'il ne croit pas [1].
Ce qu'on ne doit point voir, qu'un récit nous l'expose :
Les yeux en le voyant saisiraient mieux la chose ;
Mais il est des objets que l'art judicieux
Doit offrir à l'oreille, et reculer des yeux [2].
Que le trouble, toujours croissant de scène en scène,
A son comble arrivé se débrouille sans peine.
L'esprit ne se sent point plus vivement frappé,
Que lorsqu'en un sujet d'intrigue enveloppé,
D'un secret tout à coup la vérité connue
Change tout, donne à tout une face imprévue.
La Tragédie, informe et grossière en naissant,
N'était qu'un simple chœur, où chacun en dansant,
Et du dieu des raisins entonnant les louanges,
S'efforçait d'attirer de fertiles vendanges.
Là, le vin et la joie éveillant les esprits,
Du plus habile chantre un bouc était le prix.
Thespis fut le premier qui, barbouillé de lie,
Promena par les bourgs [3] cette heureuse folie,
Et, d'acteurs mal ornés chargeant un tombereau,
Amusa les passants d'un spectacle nouveau.
Eschyle dans le chœur jeta les personnages,
D'un masque plus honnête habilla les visages,
Sur les ais d'un théâtre en public exhaussé
Fit paraître l'acteur d'un brodequin chaussé [4].

(1) Ficta voluptatis causa, sint proxima veris :
Ne quodcumque volet, poscat sibi fabula credi.
(Ars poet., v. 338-339.)

(2) *Reculer des yeux*, mauvaise expression. Ce passage est traduit d'Horace :

Segnius irritant animos demissa per aurem,
Quam quæ sunt oculis subjecta fidelibus, et quæ
Ipse sibi tradit spectator. Non tamen intus
Digna geri promes in scenam ; multaque tolles
Ex oculis, quæ mox narret facundia præsens.
(Ars poet., v. 180-185.)

(3) Les bourgs de l'Attique.

(4) Horace expose ainsi l'origine de la tragédie :

Ignotum Tragicæ genus invenisse Camœnæ
Dicitur, et plaustris vexisse poemata Thespis,

Sophocle enfin, donnant l'essor à son génie,
Accrut encor la pompe, augmenta l'harmonie,
Intéressa le chœur dans toute l'action,
Des vers trop raboteux polit l'expression;
Lui donna chez les Grecs cette hauteur divine [1],
Où jamais n'atteignit la faiblesse latine.
Chez nos dévots aïeux le théâtre abhorré
Fut longtemps dans la France un plaisir ignoré.
De pèlerins [2], dit-on, une troupe grossière
En public à Paris y monta la première;
Et, sottement zélée en sa simplicité,
Joua les Saints, la Vierge, et Dieu, par piété.
Le savoir, à la fin dissipant l'ignorance,
Fit voir de ce projet la dévote imprudence.
On chassa ces docteurs prêchant sans mission;
On vit renaître Hector, Andromaque, Ilion [3].
Des héros de roman fuyez les petitesses :
Toutefois aux grands cœurs donnez quelques faiblesses;
Achille déplairait, moins bouillant et moins prompt,
J'aime à lui voir verser des pleurs pour un affront [4];
A ces petits défauts marqués dans sa peinture,
L'esprit avec plaisir reconnaît la nature.
Qu'il soit sur ce modèle en vos écrits tracé.
Qu'Agamemnon soit fier, superbe, intéressé;
Que pour ses dieux Enée ait un respect austère [5].

Quæ canerent agerentque peruncti fæcibus ora.
Post hunc, personæ pallæque repertor honestæ,
Æschylus, et modicis instravit pulpita tignis,
Et docuit magnumque loqui nitique cothurno.
(*Ibid.*, v. 275-280.)

(1) Voyez Quintilien, l. X, c. I.

(2) Boileau est trop sévère contre les auteurs de ces premiers essais de l'art dramatique en France (V. Villemain, *Hist. de la littérature au moyen âge*).

(3) Ce fut sous le règne de Louis XIII que la tragédie commença à prendre une bonne forme en France.

(4) Allusion à l'*Iliade*, l. I.

(5) Horace a dit :

Si forte reponis Achillem,
Impiger, iracundus, inexorabilis, acer,
Jura neget sibi nata, nihil non arroget armis. (120-122.)

Conservez à chacun son propre caractère.
Des siècles, des pays, étudiez les mœurs :
Les climats font souvent les diverses humeurs [1].
  Gardez donc de donner, ainsi que dans Clélie [2],
L'air ni l'esprit français à l'antique Italie;
Et, sous des noms romains faisant notre portrait,
Peindre Caton galant, et Brutus dameret.
Dans un roman frivole aisément tout s'excuse :
C'est assez qu'en courant la fiction amuse ;
Trop de rigueur alors serait hors de saison :
Mais la scène demande une exacte raison ;
L'étroite bienséance y veut être gardée.
  D'un nouveau personnage inventez-vous l'idée?
Qu'en tout avec soi-même il se montre d'accord.
Et qu'il soit jusqu'au bout tel qu'on l'a vu d'abord [3].
  Souvent, sans y penser, un écrivain qui s'aime
Forme tous ses héros semblables à soi-même :
Tout a l'humeur gasconne en un auteur gascon;
Calprenède et Juba [4] parlent du même ton.
  La nature est en nous plus diverse et plus sage;
Chaque passion parle un différent langage :
La colère est superbe, et veut des mots altiers ;
L'abattement s'explique en des termes moins fiers [5].
  Que devant Troie en flamme Hécube désolée

(1) Voyez Hor., Art poét., v. 114-118.

(2) Autre roman de mademoiselle de Scudéri, où les héros romains n'ont rien de leur caractère.

(3) Si quid inexpertum scenæ committis, et audes
Personam formare novam, servetur ad imum
Qualis ab incœpto processerit, et sibi constet.
(Ars poet., v. 125-127.)

(4) *Juba*, héros du roman de *Cléopâtre*, composé par la Calprenède, gentilhomme du Périgord.

(5) Tristia mœstum
Vultum verba decent, iratum plena minarum ;
Ludentem lasciva ; severum seria dictu.
Format enim natura prius nos intus ad omnem
Fortunarum habitum. (Ars poet., v. 105-109.)

Ne vienne pas pousser une plainte ampoulée,
Ni sans raison décrire en quel affreux pays
Par sept bouches l'Euxin reçoit le Tanaïs [1].
Tous ces pompeux amas d'expressions frivoles
Sont d'un déclamateur amoureux de paroles.
Il faut dans la douleur que vous vous abaissiez [2] :
Pour me tirer des pleurs, il faut que vous pleuriez [3].
Ces grands mots dont alors l'acteur emplit sa bouche
Ne partent point d'un cœur que sa misère touche.
  Le théâtre, fertile en censeurs pointilleux,
Chez nous pour se produire est un champ périlleux.
Un auteur n'y fait pas de faciles conquêtes ;
Il trouve à le siffler des bouches toujours prêtes ;
Chacun le peut traiter de fat et d'ignorant :
C'est un droit qu'à la porte on achète en entrant.
Il faut qu'en cent façons, pour plaire, il se replie ;
Que tantôt il s'élève, et tantôt s'humilie ;
Qu'en nobles sentiments il soit partout fécond;
Qu'il soit aisé, solide, agréable, profond;
Que de traits surprenants sans cesse il nous réveille;
Qu'il coure dans ses vers de merveille en merveille ;
Et que tout ce qu'il dit, facile à retenir,
De son ouvrage en nous laisse un long souvenir.
Ainsi la Tragédie agit, marche et s'explique.
  D'un air plus grand encor la Poésie épique,
Dans le vaste récit d'une longue action,
Se soutient par la Fable, et vit de fiction.
Là pour nous enchanter tout est mis en usage,
Tout prend un corps, une âme, un esprit, un visage.
Chaque vertu devient une divinité :
Minerve est la prudence, et Vénus la beauté;
Ce n'est plus la vapeur qui produit le tonnerre,

(1) Septena Tanaïn ora pendentem bibit.
(SÉNÈQUE LE TRAGIQUE, *Troade*, sc. I, v. 9.)

(2) Et tragicus plerumque dolet sermone pedestri.
(*Ars poet.*, v. 95.)

(3) Si vis me flere, dolendum est
Primum ipsi tibi. (*Ibid.*, v. 102.)

C'est Jupiter armé pour effrayer la terre;
Un orage terrible aux yeux des matelots,
C'est Neptune en courroux qui gourmande les flots.
Echo n'est plus un son qui dans l'air retentisse,
C'est une nymphe en pleurs qui se plaint de Narcisse.
Ainsi, dans cet amas de nobles fictions,
Le poëte s'égaie en mille inventions,
Orne, élève, embellit, agrandit toutes choses,
Et trouve sous sa main des fleurs toujours écloses.
Qu'Enée et ses vaisseaux, par le vent écartés,
Soient aux bords africains d'un orage emportés;
Ce n'est qu'une aventure ordinaire et commune,
Qu'un coup peu surprenant des traits de la fortune.
Mais que Junon, constante en son aversion,
Poursuive sur les flots les restes d'Ilion;
Qu'Eole, en sa faveur, les chassant d'Italie,
Ouvre aux vents mutinés les prisons d'Eolie,
Que Neptune en courroux, s'élevant sur la mer,
D'un mot calme les flots, mette la paix dans l'air,
Délivre les vaisseaux, des syrtes les arrache :
C'est là ce qui surprend, frappe, saisit, attache.
Sans tous ces ornements, le vers tombe en langueur;
La poésie est morte [1], ou rampe sans vigueur;
Le poëte n'est plus qu'un orateur timide,
Qu'un froid historien d'une fable insipide [2].
C'est donc bien vainement que nos auteurs déçus,
Bannissant de leurs vers ces ornements reçus,
Pensent faire agir Dieu, ses saints, et ses prophètes,
Comme ces dieux éclos du cerveau des poëtes;
Mettent à chaque pas le lecteur en enfer;
N'offrent rien qu'Astaroth, Belzébuth, Lucifer.
De la foi d'un chrétien les mystères terribles
D'ornements égayés ne sont pas susceptibles [3] :

(1) L'auteur avait en vue Saint-Sorlin des Marets, qui a écrit contre la Fable.

(2) Ces vers sont remarquables, et ce passage est un des plus beaux de tout le poëme.

(3) L'opinion de Boileau est beaucoup trop exclusive. On pourrait d'ailleurs lui objecter le chef-d'œuvre de Milton.

L'Évangile à l'esprit n'offre de tous côtés
Que pénitence à faire et tourments mérités;
Et de vos fictions le mélange coupable
Même à ses vérités donne l'air de la fable[1].
Et quel objet enfin à présenter aux yeux,
Que le diable toujours hurlant contre les cieux,
Qui de votre héros veut rabaisser la gloire,
Et souvent avec Dieu balance la victoire
  Le Tasse, dira-t-on, l'a fait avec succès.
Je ne veux point ici lui faire son procès :
Mais, quoi que notre siècle à sa gloire publie,
Il n'eût point de son livre illustré l'Italie,
Si son sage héros, toujours en oraison[2],
N'eût fait que mettre enfin Satan à la raison ;
Et si Renaud, Argand, Tancrède et sa maîtresse,
N'eussent de son sujet égayé la tristesse.
  Ce n'est pas que j'approuve, en un sujet chrétien[3],
Un auteur follement idolâtre et païen :
Mais, dans une profane et riante peinture,
De n'oser de la Fable employer la figure ;
De chasser les tritons de l'empire des eaux ;
D'ôter à Pan sa flûte, aux Parques leurs ciseaux ;
D'empêcher que Caron dans la fatale barque,
Ainsi que le berger, ne passe le monarque :
C'est d'un scrupule vain s'alarmer sottement,
Et vouloir aux lecteurs plaire sans agrément.
Bientôt ils défendront de peindre la Prudence,
De donner à Thémis ni bandeau ni balance ;
De figurer aux yeux la Guerre au front d'airain,
Ou le Temps qui s'enfuit une horloge à la main ;
Et partout des discours, comme une idolâtrie,
Dans leur faux zèle iront chasser l'allégorie.

(1) Boileau a pensé au Tasse en écrivant ces vers, mais le poëte italien a été jugé trop sévèrement par le législateur du Parnasse français.

(2) Ce serait tomber dans un autre excès qu'un poëte chrétien peut facilement éviter.

(3) L'Arioste, dans le poëme intitulé : *Roland furieux*.

Laissons-les s'applaudir de leur pieuse erreur :
Mais, pour nous, bannissons une vaine terreur ;
Et, fabuleux chrétiens, n'allons point dans nos songes,
Du Dieu de vérité faire un Dieu de mensonges.
La Fable offre à l'esprit mille agréments divers.
Là, tous les noms heureux semblent nés pour les vers ;
Ulysse, Agamemnon, Oreste, Idoménée,
Hélène, Ménélas, Pâris, Hector, Énée.
Oh ! le plaisant projet d'un poëte ignorant,
Qui de tant de héros va choisir Childebrand[1] !
D'un seul nom quelquefois le son dur ou bizarre
Rend un poëme entier ou burlesque ou barbare.
Voulez-vous longtemps plaire et jamais ne lasser ?
Faites choix d'un héros propre à m'intéresser,
En valeur éclatant, en vertus magnifique ;
Qu'en lui jusqu'aux défauts, tout se montre héroïque ;
Que ses faits surprenants soient dignes d'être ouïs ;
Qu'il soit tel que César, Alexandre ou Louis,
Non tel que Polynice et son perfide frère[2].
On s'ennuie aux exploits d'un conquérant vulgaire.
N'offrez point un sujet d'incidents trop chargé.
Le seul courroux d'Achille avec art ménagé,
Remplit abondamment une Iliade entière :
Souvent trop d'abondance appauvrit la matière.
Soyez vif et pressé dans vos narrations :
Soyez riche et pompeux dans vos descriptions.
C'est là qu'il faut des vers étaler l'élégance :
N'y présentez jamais de basse circonstance.
N'imitez pas ce fou[3], qui, décrivant les mers,
Et peignant, au milieu de leurs flots entr'ouverts,
L'Hébreu sauvé du joug de ses injustes maîtres,
Met, pour le voir passer, les poissons[4] aux fenêtres ;

(1) C'est le héros d'un poëme héroïque intitulé : *Les Sarrasins chassés de France*, par Saint-Garde, conseiller et aumônier du roi.

(2) Polynice et Étéocle, frères ennemis, auteurs de la guerre de Thèbes. Voyez la *Thébaïde* de Stace et celle de Racine.

(3) Saint-Amand, auteur du *Moïse sauvé*.

(4) St-Amand avait dit : Les poissons ébahis les regardent passer. (*Moïse sauvé*).

Peint le petit enfant qui va, saute, revient,
Et joyeux à sa mère offre un caillou qu'il tient.
Sur de trop vains objets c'est arrêter la vue.
  Donnez à votre ouvrage une juste étendue.
Que le début soit simple et n'ait rien d'affecté.
N'allez pas dès l'abord, sur Pégase monté,
Crier à vos lecteurs d'une voix de tonnerre :
« Je chante le vainqueur des vainqueurs de la terre [1].»
Que produira l'auteur après tous ces grands cris ?
La montagne en travail enfante une souris [2].
Oh ! que j'aime bien mieux cet auteur plein d'adresse,
Qui, sans faire d'abord de si haute promesse,
Me dit d'un ton aisé, doux, simple, harmonieux :
« Je chante les combats et cet homme pieux,
Qui, des bords phrygiens, conduit dans l'Ausonie,
Le premier aborda les champs de Lavinie [3].»
Sa muse en arrivant ne met pas tout en feu,
Et, pour donner beaucoup ne nous promet que peu ;
Bientôt vous la verrez, prodiguant les miracles,
Du destin des Latins prononcer les oracles;
De Styx et d'Achéron peindre les noirs torrents,
Et déjà les Césars dans l'Élysée errants [4].
  De figures sans nombre égayez votre ouvrage ;
Que tout y fasse aux yeux une riante image ;
On peut être à la fois et pompeux et plaisant ;
Et je hais un sublime ennuyeux et pesant.

(1) *Alaric*, poëme de Scudéri, l. I.

(2) Nec sic incipies, ut scriptor cyclicus olim :
« Fortunam Priami cantabo et nobile bellum. »
Quid dignum tanto feret hic promissor hiatu!
Parturient montes, nascetur ridiculus mus.
(Ars poet., v. 136 et seq.)

(3) Imitation de Virgile au début de l'Enéide :
Arma virumque cano Trojæ qui primus ab oris
Italiam, fato profugus, Lavinia venit
Littora.

(4) Non fumum ex fulgore, sed ex fumo dare lucem
Cogitat, ut speciosa dehinc miracula promat,
Antiphaten Scyllamque et cum Cyclope Charybdim.
(Ars poet., v. 143 et seq.)

J'aime mieux Aristote et ses fables comiques [1],
Que ces auteurs toujours froids et mélancoliques,
Qui dans leur sombre humeur se croiraient faire affront,
Si les Grâces jamais leur déridaient le front.
On dirait que pour plaire, instruit par la nature,
Homère ait à Vénus [2] dérobé sa ceinture.
Son livre est d'agréments un fertile trésor:
Tout ce qu'il a touché se convertit en or [3];
Tout reçoit dans ses mains une nouvelle grâce,
Partout il divertit et jamais il ne lasse.
Une heureuse chaleur anime ses discours:
Il ne s'égare point en de trop longs détours.
Sans garder dans ses vers un ordre méthodique,
Son sujet de soi-même et s'arrange et s'explique :
Tout, sans faire d'apprêts, s'y prépare aisément;
Chaque vers, chaque mot court à l'événement,
Aimez donc ses écrits, mais d'un amour sincère:
C'est avoir profité que de savoir s'y plaire [4].
Un poëme excellent où tout marche et se suit,
N'est pas de ces travaux qu'un caprice produit:
Il veut du temps, des soins ; et ce pénible ouvrage
Jamais d'un écolier ne fut l'apprentissage.
Mais souvent parmi nous un poëte sans art,
Qu'un beau feu quelquefois échauffa par hasard,
Enflant d'un vain orgueil son esprit chimérique,
Fièrement prend en main la trompette héroïque:
Sa muse déréglée en ses vers vagabonds,
Ne s'élève jamais que par sauts et par bonds ;
Et son feu, dépourvu de sens et de lecture [5],

(1) Dans son poëme, Arioste excite l'intérêt parce qu'il a su mêler avec beaucoup d'art le gracieux et le plaisant, le familier et le sublime.

(2) Voy. l'*Iliade*, liv. XIV, v. 215-217.

(3) Ovide fait dire à Midas :
Quidquid contigero fulvum vertatur in aurum.
(*Métam.*, l. II, v. 102-103.)

(4) Quintilien avait dit la même chose de Cicéron :
Ille se profecisse sciat, cui Cicero valde placebit.
(*Instit. Orat.*, l. X, c. I.)

(5) Un feu *dépourvu de sens et de lecture*, ces métaphores sont mauvaises.

S'éteint à chaque pas, faute de nourriture.
Mais en vain le public, prompt à le mépriser,
De son mérite faux le veut désabuser;
Lui-même, applaudissant à son maigre génie,
Se donne par ses mains l'encens qu'on lui dénie :
Virgile, au prix de lui, n'a point d'invention [1];
Homère n'entend point la noble fiction.
Si contre cet arrêt le siècle se rebelle [2],
A la postérité d'abord il en appelle :
Mais attendant qu'ici le bon sens de retour
Ramène triomphants ses ouvrages au jour,
Leurs tas au magasin, cachés à la lumière,
Combattent tristement les vers et la poussière.
Laissons-les donc entre eux s'escrimer en repos;
Et, sans nous égarer, suivons notre propos.
Des succès fortunés du spectacle tragique
Dans Athènes naquit la Comédie antique.
Là le Grec, né moqueur, par mille jeux plaisants,
Distilla le venin de ses traits médisants.
Aux accès insolents d'une bouffonne joie
La sagesse, l'esprit, l'honneur, furent en proie.
On vit par le public un poëte avoué [3]
S'enrichir aux dépens du mérite joué,
Et Socrate par lui, dans un chœur de nuées [4],
D'un vil amas de peuple attirer les huées.
Enfin de la licence on arrêta le cours :
Le magistrat des lois emprunta le secours;

(1) Desmarets avait eu la naïveté de se comparer à Virgile et de se croire au-dessus de lui.

(2) *Se rebelle* pour *se révolte*, du latin *rebellare*.

(3) Aristophane, dont les poésies sont très-licencieuses.

(4) Bien que cette comédie des *Nuées* n'ait pas été cause de la mort de Socrate, comme on l'a dit tant de fois, elle n'en fut pas moins une mauvaise action.

Successit vetus his Comœdia, non sine multa
Laude : sed in vitium libertas excidit, et vim
Dignam lege regi. Lex est accepta, chorusque,
Turpiter obticuit, sublato jure nocendi.
(Ars poet., v. 281 et seq.)

Et, rendant par édit les poëtes plus sages,
Défendit de marquer les noms et les visages.
Le théâtre perdit son antique fureur :
La Comédie apprit à rire sans aigreur ;
Sans fiel et sans venin sut instruire et reprendre,
Et plut innocemment dans les vers de Ménandre[1].
Chacun, peint avec art dans ce nouveau miroir,
S'y vit avec plaisir, ou crut ne s'y point voir :
L'avare, des premiers, rit du tableau fidèle
D'un avare souvent tracé sur son modèle ;
Et mille fois un fat, finement exprimé,
Méconnut le portrait sur lui-même formé.
Que la nature donc soit votre étude unique,
Auteurs, qui prétendez aux honneurs du comique.
Quiconque voit bien l'homme, et, d'un esprit profond,
De tant de cœurs cachés a pénétré le fond ;
Qui sait bien ce que c'est qu'un prodigue, un avare,
Un honnête homme, un fat, un jaloux, un bizarre,
Sur une scène heureuse il peut les étaler,
Et les faire à nos yeux vivre, agir et parler.
Présentez-en partout les images naïves,
Que chacun y soit peint des couleurs les plus vives.
La nature, féconde en bizarres portraits,
Dans chaque âme est marquée à de différents traits ;
Un geste la découvre, un rien la fait paraître :
Mais tout esprit n'a pas des yeux pour la connaître.
Le temps qui change tout change aussi nos humeurs[2] ;

(1) Ménandre, poëte grec, ne nous est guère connu que par Térence, son imitateur.

(2) Le tableau des âges est traduit des vers suivants d'Horace :

Ætatis cujusque notandi sunt tibi mores,
Mobilibusque decor naturis dandus et annis...
Imberbis juvenis, tandem custode remoto,
Gaudet equis canibusque et aprici gramine campi ;
Cereus in vitium flecti, monitoribus asper,
Utilium tardus provisor, prodigus æris,
Sublimis, cupidusque et amata relinquere pernix.
Conversis studiis, ætas animusque virilis
Quærit opes et amicitias, inservit honori,
Commisisse cavet quod mox mutare laboret.

Chaque âge a ses plaisirs, son esprit et ses mœurs.
Un jeune homme toujours bouillant dans ses caprices
Est prompt à recevoir l'impression des vices;
Est vain dans ses discours, volage en ses désirs,
Rétif à la censure, et fou dans ses plaisirs.
L'âge viril, plus mûr, inspire un air plus sage,
Se pousse auprès des grands, s'intrigue, se ménage,
Contre les coups du sort songe à se maintenir,
Et loin dans le présent regarde l'avenir.
La vieillesse chagrine incessamment amasse;
Garde, non pas pour soi, les trésors qu'elle entasse;
Marche en tous ses desseins d'un pas lent et glacé;
Toujours plaint le présent et vante le passé;
Inhabile aux plaisirs dont la jeunesse abuse,
Blâme en eux les douceurs que l'âge lui refuse.
Ne faites point parler vos acteurs au hasard, [lard.
Un vieillard en jeune homme, un jeune homme en vieil-
Etudiez la cour et connaissez la ville :
L'une et l'autre est toujours en modèles fertile.
C'est par là que Molière, illustrant ses écrits,
Peut-être de son art eût remporté le prix,
Si moins ami du peuple, en ses doctes peintures
Il n'eût point fait souvent grimacer ses figures,
Quitté pour le bouffon, l'agréable et le fin,
Et sans honte à Térence allié Tabarin [1] :
Dans ce sac ridicule où Scapin [2] s'enveloppe

Multa senem circumveniunt incommoda ; vel quod
Quærit, et inventis miser abstinet ac timet uti ;
Vel quod res omnes timide gelideque ministrat,
Dilator, spe longus, iners, avidusque futuri,
Difficilis, querulus, laudator temporis acti
Se puero, censor castigatorque minorum.
Multa ferunt anni venientes commoda secum ;
Multa recedentes adimunt. Ne forte seniles
Mandentur juveni partes, pueroque viriles,
Semper in adjunctis ævoque morabimur aptis.
(Ars poet., v. 156 et seq.)

(1) Voy. chant 1er, v. 86.
(2) *Les fourberies de Scapin,* comédie de Molière. Ce n'est pas Sca-

Je ne reconnais plus l'auteur du Misanthrope[1].
  Le comique, ennemi des soupirs et des pleurs,
N'admet point en ses vers de tragiques douleurs[2];
Mais son emploi n'est pas d'aller, dans une place,
De mots sales et bas charmer la populace :
Que son nœud bien formé se dénoue aisément;
Il faut que ses acteurs badinent noblement;
Que l'action, marchant où la raison la guide,
Ne se perde jamais dans une scène vide;
Que son style humble et doux se relève à propos;
Que ses discours, partout fertiles en bons mots,
Soient pleins de passions finement maniées,
Et les scènes toujours l'une à l'autre liées.
  J'aime sur le théâtre un agréable auteur,
Qui, sans se diffamer aux yeux du spectateur,
Plaît par la raison seule, et jamais ne la choque :
Mais pour un faux plaisant, à grossière équivoque,
Qui, pour me divertir, n'a que la saleté,
Qu'il s'en aille, s'il veut, sur deux tréteaux monté[3],
Amusant le Pont-Neuf de ses sornettes fades,
Aux laquais assemblés jouer ses mascarades[4].

pin qui s'enveloppe dans un sac : c'est le vieux Géronte à qui Scapin persuade de s'y envelopper. Mais cela est dit figurément dans ce vers, parce que Scapin est le héros de la pièce.

(1) Le *Misanthrope*, un des chefs-d'œuvre de Molière.

(2) Versibus exponi tragicis res comica non vult.
(Ars poet., v. 89.)

(3) A la manière des charlatans qui jouaient leurs farces en plein air, au milieu du Pont-Neuf.

(4) Il était plus naturel de traiter de la comédie après avoir parlé de la tragédie, mais Boileau a séparé ces deux genres dramatiques pour mettre plus de variété dans son sujet.

CHANT QUATRIÈME.

Dans le quatrième chant l'auteur revient aux préceptes généraux. Il s'attache à former les poëtes et leur donne d'utiles instructions sur la connaissance et l'usage de leurs divers talents, sur le choix qu'ils doivent faire d'un censeur éclairé, sur leurs mœurs et sur leur conduite particulière. Il explique ensuite, par forme de digression, l'histoire de la Poésie, son origine, son progrès, sa perfection et sa décadence.

Dans Florence jadis vivait un médecin [1],
Savant hâbleur, dit-on, et célèbre assassin.
Lui seul y fit longtemps la publique misère.
Là le fils orphelin lui redemande un père;
Ici le frère pleure un frère empoisonné;
L'un meurt vide de sang, l'autre plein de séné.
Le rhume à son aspect se change en pleurésie,
Et par lui la migraine est bientôt frénésie.
Il quitte enfin la ville, en tous lieux détesté.
De tous ses amis morts un seul ami resté
Le mène en sa maison de superbe structure.
C'était un riche abbé fou de l'architecture.
Le médecin d'abord semble né dans cet art,
Déjà de bâtiments parle comme Mansard [2]:
D'un salon qu'on élève il commande la face;
Au vestibule obscur il marque une autre place;

(1) Claude Perrault, médecin de la faculté de Paris, qui fut ensuite distingué comme architecte. Il donna le dessin de la colonnade du Louvre.

(2) Mansard, né à Paris en 1598, mort en 1666; architecte célèbre, inventeur de cette espèce de toiture, qui de son nom est appelée *mansarde*.

Approuve l'escalier tourné d'autre façon.
Son ami le conçoit, et mande son maçon.
Le maçon vient, écoute, approuve et se corrige.
Enfin pour apaiser un si plaisant prodige,
Notre assassin renonce à son art inhumain ;
Et désormais, l'équerre et la règle à la main,
Laissant de Galien[1] la science suspecte,
De méchant médecin devient bon architecte[2].
Son exemple est pour nous un précepte excellent.
Soyez plutôt maçon, si c'est votre talent,
Ouvrier estimé dans un art nécessaire,
Qu'écrivain du commun, et poëte vulgaire.
Il est dans tout autre art des degrés différents.
On peut avec honneur remplir les seconds rangs ;
Mais dans l'art dangereux de rimer et d'écrire,
Il n'est point de degrés du médiocre au pire[3] :
Qui dit froid écrivain dit détestable auteur.
Boyer[4] est à Pinchêne[5] égal pour le lecteur ;
On ne lit guère plus Rampale et Ménardière[6]
Que Magnon[7], du Souhait[8], Corbin[9] et la Morlière[10].

(1) Galien, médecin grec, qu'on regarde comme le *père de la médecine*.

(2) Cette digression est fort belle au point de vue littéraire, mais au point de vue moral, on regrette que Boileau se soit ainsi vengé de l'indifférence de Perrault, qui avait le mauvais esprit de ne pas goûter ses satires.

(3) Cet arrêt sévère est emprunté à Horace :

Certis medium et tolerabile rebus.
Recte concedi...
Mediocribus esse poetis
Non Di, non homines, non concessere columnæ.
(Ars poet., v. 368-373.)

(4) Auteur médiocre.

(5) Pinchêne. Voy. Ep. v, v. 37.

(6) Rampale écrivait sous le règne de Louis XIII, il a fait des idylles médiocres. — Ménardière, auteur de deux tragédies, de quelques traductions, etc.

(7) Magnon a composé un poëme fort long, intitulé : *l'Encyclopédie*.

(8) Du Souhait avait traduit l'*Iliade* en prose.

(9) Corbin avait traduit la Bible mot à mot.

(10) La Morlière, méchant poëte.

Un fou du moins fait rire, et peut nous égayer :
Mais un froid écrivain ne sait rien qu'ennuyer.
J'aime mieux Bergerac [1] et sa burlesque audace,
Que ces vers où Motin [2] se morfond et nous glace.
  Ne vous enivrez point des éloges flatteurs
Qu'un amas quelquefois de vains admirateurs
Vous donne en ces réduits [3], prompts à crier : « Merveille ! »
Tel écrit récité se soutient à l'oreille,
Qui, dans l'impression au grand jour se montrant,
Ne soutient pas des yeux le regard pénétrant [4].
On sait de cent auteurs l'aventure tragique :
Et Gombauld, tant loué, garde encor la boutique.
  Écoutez tout le monde, assidu consultant :
Un fat quelquefois ouvre un avis important [5].
Quelques vers toutefois qu'Apollon vous inspire,
En tous lieux aussitôt ne courez pas les lire.
Gardez-vous d'imiter ce rimeur furieux [6],
Qui, de ses vains écrits lecteur harmonieux,
Aborde, en récitant, quiconque le salue,
Et poursuit de ses vers les passants dans la rue [7].
Il n'est temple si saint des anges respecté [8]

(1) Cyrano de Bergerac, auteur du *Voyage de la lune.*

(2) Motin a laissé quelques poésies qu'on trouve dans certains recueils avec celles de Racan et de Malherbe.

(3) Il s'agit des lieux particuliers où les auteurs récitaient leurs vers, en présence d'un auditoire composé de personnes choisies.

(4) Allusion à la *Pucelle* de Chapelain.

(5) C'est un proverbe exprimé par un ancien vers grec que Perse a ainsi traduit :

Discere ab insano multum laudanda magistro.
(Sat. III, v. 46.)

(6) Du Perrier.

(7) Certe fuerit, ac, velut ursus
Objectos caveæ valuit si frangere clathros,
Indoctum doctumque fugat recitator acerbus ;
Quem vero arripuit, tenet, occiditque legendo,
Non missura cutem, nisi plena cruoris, hirudo.
(Ars poet., v. 474-476.)

(8) Il récita de ses vers à l'auteur, malgré lui, dans une église.

Qui soit contre sa muse un lieu de sûreté.
Je vous l'ai déjà dit [1], aimez qu'on vous censure,
Et, souple à la raison, corrigez sans murmure.
Mais ne vous rendez pas dès qu'un sot vous reprend.
  Souvent dans son orgueil un subtil ignorant
Par d'injustes dégoûts combat toute une pièce,
Blâme des plus hauts vers la noble hardiesse.
On a beau réfuter ses vains raisonnements;
Son esprit se complaît dans ses faux jugements;
Et sa faible raison, de clarté dépourvue,
Pense que rien n'échappe à sa débile vue.
Ses conseils sont à craindre; et, si vous le croyez,
Pensant fuir un écueil, souvent vous vous noyez.
  Faites choix d'un censeur solide et salutaire [2],
Que la raison conduise et le savoir éclaire,
Et dont le crayon sûr d'abord aille chercher
L'endroit que l'on sent faible et qu'on se veut cacher.
Lui seul éclaircira vos doutes ridicules,
De votre esprit tremblant lèvera les scrupules.
C'est lui qui vous dira par quel transport heureux
Quelquefois dans sa course un esprit vigoureux,
Trop resserré par l'art, sort des règles prescrites,
Et de l'art même apprend à franchir leurs limites.
Mais ce parfait censeur se trouve rarement.
Tel excelle à rimer qui juge sottement;
Tel s'est fait par ses vers distinguer dans la ville,
Qui jamais de Lucain n'a distingué Virgile [3].
  Auteurs, prêtez l'oreille à mes instructions.
Voulez-vous faire aimer vos riches fictions?
Qu'en savantes leçons votre muse fertile
Partout joigne au plaisant le solide et l'utile.
Un lecteur sage fuit un vain amusement,

(1) Voyez le 1er chant, v. 192.

(2) Boileau avait eu en vue Patru, qu'il regardait comme le meilleur critique de son siècle.

(3) Allusion à Corneille qui préférait Lucain à Virgile. Ce grand poëte avait le goût si peu sûr que, d'après la Bruyère, il ne jugeait de la bonté de ses pièces que par l'argent qu'elles lui rapportaient.

Et veut mettre à profit son divertissement [1].
  Que votre âme et vos mœurs, peintes dans vos ouvrages,
N'offrent jamais de vous que de nobles images.
Je ne puis estimer ces dangereux auteurs
Qui de l'honneur, en vers, infâmes déserteurs,
Trahissent la vertu sur un papier coupable,
Aux yeux de leurs lecteurs rendent le vice aimable.
Un auteur vertueux, dans ses vers innocents,
Ne corrompt point le cœur en chatouillant les sens :
Son feu n'allume point de criminelle flamme.
Aimez donc la vertu, nourrissez-en votre âme :
En vain l'esprit est plein d'une noble vigueur,
Le vers se sent toujours des bassesses du cœur.
  Fuyez surtout, fuyez ces basses jalousies,
Des vulgaires esprits malignes frénésies.
Un sublime écrivain n'en peut être infecté ;
C'est un vice qui suit la médiocrité.
Du mérite éclatant cette sombre rivale
Contre lui chez les grands incessamment cabale ;
Et sur les pieds en vain tâchant de se hausser,
Pour s'égaler à lui cherche à le rabaisser.
Ne descendons jamais dans ces lâches intrigues :
N'allons point à l'honneur par de honteuses brigues.
  Que les vers ne soient pas votre éternel emploi.
Cultivez vos amis [2], soyez homme de foi :
C'est peu d'être agréable et charmant dans un livre ;
Il faut savoir encore et converser et vivre.
  Travaillez pour la gloire, et qu'un sordide gain
Ne soit jamais l'objet d'un illustre écrivain.
Je sais qu'un noble esprit peut, sans honte et sans crime,
Tirer de son travail un tribut légitime :

(1) Omne tulit punctum qui miscuit utile dulci
Lectorem delectando pariterque monendo.
(Ars poet., v. 343-344.)

(2) Critique de la Fontaine, qui avait refusé sa voix à l'abbé Furetière, son confrère et son ami, et l'avait ainsi exclu de l'Académie. A la vérité, on excusa le bonhomme en disant que, par distraction, il avait pris une boule noire pour une blanche.

Mais je ne puis souffrir ces auteurs renommés,
Qui, dégoûtés de gloire et d'argent affamés [1],
Mettent leur Apollon aux gages d'un libraire,
Et font d'un art divin un métier mercenaire.
Avant que la raison, s'expliquant par la voix,
Eût instruit les humains, eût enseigné des lois,
Tous les hommes suivaient la grossière nature,
Dispersés dans les bois couraient à la pâture;
La force tenait lieu de droit et d'équité;
Le meurtre s'exerçait avec impunité.
Mais du discours enfin l'harmonieuse adresse
De ces sauvages mœurs adoucit la rudesse,
Rassembla les humains dans les forêts épars,
Enferma les cités de murs et de remparts,
De l'aspect du supplice effraya l'insolence,
Et sous l'appui des lois mit la faible innocence.
Cet ordre fut, dit-on, le fruit des premiers vers.
De là sont nés ces bruits reçus de l'univers,
Qu'aux accents dont Orphée emplit les monts de Thrace
Les tigres amollis dépouillaient leur audace;
Qu'aux accords d'Amphion les pierres se mouvaient,
Et sur les murs thébains en ordre s'élevaient [2].

(1) Corneille répondit un jour à Boileau qui le félicitait du succès de ses tragédies et de la gloire qui lui en revenait : *Oui, je suis dégoûté de la gloire et affamé d'argent.*

(2) Horace a fait ainsi l'histoire de la poésie :

Silvestres homines sacer interpresque Deorum
Cædibus et victu fœdo deterruit Orpheus;
Dictus ob hoc lenire tigres rabidosque leones;
Dictus et Amphion, Thebanæ conditor arcis,
Saxa movere sono testudinis, et prece blanda
Ducere quo vellet. Fuit hæc sapientia quondam,
Publica privatis secernere, sacra profanis,
Concubitu prohibere vago, dare jura maritis,
Oppida moliri, leges incidere ligno.
Sic honor et nomen divinis vatibus atque
Carminibus venit. Post hos insignis Homerus
Tyrtæusque mares animos in Martia bella
Versibus exacuit. Dictæ per carmina sortes
Et vitæ monstrata via est; et gratia regum
Pieriis tentata modis; ludusque repertus,

L'harmonie en naissant produisit ces miracles.
Du sein d'un prêtre ému d'une divine horreur,
Apollon par des vers exhala sa fureur.
Bientôt, ressuscitant les héros des vieux âges,
Homère aux grands exploits anima les courages.
Depuis, le ciel en vers fit parler les oracles ;
Hésiode à son tour, par d'utiles leçons,
Des champs trop paresseux vint hâter les moissons [1].
En mille écrits fameux la sagesse tracée
Fut, à l'aide des vers, aux mortels annoncée ;
Et partout des esprits ses préceptes vainqueurs,
Introduits par l'oreille, entrèrent dans les cœurs.
Pour tant d'heureux bienfaits les Muses révérées
Furent d'un juste encens de la Grèce honorées :
Et leur art, attirant le culte des mortels,
A sa gloire en cent lieux vit dresser des autels,
Mais enfin, l'indigence amenant la bassesse,
Le Parnasse oublia sa première noblesse.
Un vil amour du gain, infectant les esprits,
De mensonges grossiers souilla tous les écrits ;
Et partout, enfantant mille ouvrages frivoles,
Trafiqua du discours et vendit les paroles.
Ne vous flétrissez point par un vice si bas.
Si l'or seul a pour vous d'invincibles appas,
Fuyez ces lieux charmants qu' arrose le Permesse :
Ce n'est pas sur ses bords qu'habite la richesse.
Aux plus savants auteurs comme aux plus grands guer-
Apollon ne promet qu'un nom et des lauriers. [riers,
Mais quoi ! dans la disette une muse affamée
Ne peut pas, dira-t-on, subsister de fumée ;
Un auteur qui, pressé d'un besoin importun,
Le soir entend crier ses entrailles à jeun,
Goûte peu d'Hélicon les douces promenades :

Et longorum operum finis : ne forte pudori
Sit tibi Musa lyræ solers et cantor Apollo.
(Ars poet., v. 391 et seq.)

(1) Allusion au poëme didactique d'Hésiode, intitulé : *les Travaux et les Jours.*

Horace a bu son soûl quand il voit les Ménades [1] :
Et, libre du souci qui trouble Colletet,
N'attend pas pour dîner le succès d'un sonnet [2].
Il est vrai : mais enfin cette affreuse disgrâce
Rarement parmi nous afflige le Parnasse.
Et que craindre en ce siècle, où toujours les beaux-arts
D'un astre favorable éprouvent les regards ;
Où d'un prince éclairé la sage prévoyance
Fait partout au mérite ignorer l'indigence ?
Muse, dictez sa gloire à tous vos nourrissons :
Son nom vaut mieux pour eux que toutes vos leçons.
Que Corneille, pour lui, rallumant son audace,
Soit encor le Corneille et du Cid et d'Horace [3] :
Que Racine enfantant des miracles nouveaux,
De ses héros sur lui forme tous les tableaux :
Mais quel heureux auteur, dans une autre Enéide,
Aux bords du Rhin tremblant conduira cet Alcide ?
Quelle savante lyre au bruit de ses exploits
Fera marcher encor les rochers et les bois ;
Chantera le Batave, éperdu dans l'orage,
Soi-même se noyant pour sortir du naufrage [4],
Dira les bataillons sous Mastricht enterrés [5],
Dans ces affreux assauts du soleil éclairés ?
Mais tandis que je parle, une gloire nouvelle

(1) Imitation des vers suivants de Juvénal :

Neque enim cantare sub antro
Pierio, Thyrsumque potest contingere mœsta
Paupertas, atque æris inops, quo nocte dieque
Corpus eget : satur est cum dicit Horatius : « Evoë ! »
(Sat. VII, v. 59-62.)

(2) Voy. sat. I, v. 77.

(3) *Ne le suis-je donc pas toujours?* s'écria le vieux Corneille en lisant ces vers.

(4) Après le passage du Rhin, Louis XIV s'était rendu maître de toute la Hollande. Pour lui résister plus longtemps, les Hollandais inondèrent leur pays, et c'est à cette mesure que Boileau fait allusion.

(5) Louis XIV prit cette ville en personne, le 30 juin 1673. C'était la plus forte place de Hollande.

Vers ce vainqueur rapide aux Alpes vous appelle.
Déjà Dôle et Salins, sous le joug ont ployé;
Besançon [1] fume encor sous son roc foudroyé.
Où sont ces grands guerriers dont les fatales ligues
Devaient à ce torrent opposer tant de digues?
Est-ce encore en fuyant qu'ils pensent l'arrêter,
Fiers du honteux honneur d'avoir su l'éviter?
Que de remparts détruits! que de villes forcées!
Que de moissons de gloire en courant amassées!
Auteurs, pour les chanter redoublez vos transports:
Le sujet ne veut pas de vulgaires efforts.
Pour moi, qui, jusqu'ici nourri dans la satire,
N'ose encore manier la trompette et la lyre [2],
Vous me verrez pourtant, dans ce champ glorieux,
Vous animer du moins de la voix et des yeux;
Vous offrir ces leçons que ma muse au Parnasse
Rapporta, jeune encor, du commerce d'Horace;
Seconder votre ardeur, échauffer vos esprits,
Et vous montrer de loin la couronne et le prix.
Mais aussi pardonnez, si, plein de ce beau zèle,
De tous vos pas fameux observateur fidèle,
Quelquefois du bon or je sépare le faux,
Et des auteurs grossiers j'attaque les défauts;
Censeur un peu fâcheux, mais souvent nécessaire,
Plus enclin à blâmer, que savant à bien faire [3].

(1) Dôle, Salins et Besançon étaient les principales places de la Franche-Comté, dont Louis XIV se rendit maître en 1774.

(2) L'ode et l'épopée.

(3) « L'*Art poétique* de Boileau, a dit la Harpe, est une législation parfaite, dont l'application se trouve juste dans tous les cas, un code imprescriptible, dont les décisions serviront à jamais à savoir ce qui doit être condamné, ce qui doit être applaudi. » Nous rapportons ici ce jugement pour engager les jeunes gens à méditer sans cesse l'*Art poétique*, ce chef-d'œuvre, dont les règles doivent guider les prosateurs aussi bien que les poëtes.

FIN.

TABLE

SAINT-CLOUD. — IMPRIMERIE DE MADAME Ve BELIN.

www.ingramcontent.com/pod-product-compliance
Lightning Source LLC
LaVergne TN
LVHW020626110826
845149LV00004B/1058

9782012150089